Des peintres comme Fernand Léger et Chagall s'intéressent également à la mosaïque, qui leur permet d'exprimer leur peinture d'une façon différente sur des supports adaptés, de réaliser des décors de façades extérieures et d'expérimenter de nouvelles possibilités d'expression.

Les sculpteurs, eux aussi, sont sensibles à la mosaïque. Tinguely et Niki de Saint Phalle, notamment, créent des œuvres monumentales en acier et béton recouvertes de mosaïques et formées de grands morceaux de miroir et de céramique.

En tant que collectionneur, Dubuffet se passionne pour une autre démarche, celle des artistes que l'on range sous l'étiquette « art brut ». Cet art est en général pratiqué par des autodidactes sans formation artistique particulière, sinon celle de leur environnement visionnaire. Ces artistes d'un genre particulier pratiquent une forme de création imaginaire et personnelle faisant souvent appel à la mosaïque et à la juxtaposition d'objets et de trouvailles. Le « Facteur Cheval », avec son « Palais idéal », près de Lyon, et Raymond Isidore, connu sous le nom de « Picassiette » (Picasso + assiette) pour sa maison recouverte de morceaux de faïence et autres débris d'assiettes, en sont les représentants les plus célèbres. Nombreux sont ceux qui travaillent dans cet esprit en Europe comme aux États-Unis.

Grâce à sa technique simple et aux possibilités offertes par la grande diversité des matériaux, la mosaïque permet de répondre au besoin de créer son propre cadre de vie et de l'embellir de manière personnelle en exprimant sa fantaisie et son imagination.

Introduction

La mosaïque offre d'innombrables possibilités. Vous pouvez choisir de recouvrir un objet de mosaïque pour lui donner une nouvelle apparence. Mais peut-être choisirez-vous de créer vous-même un objet dans lequel vous incrusterez des tesselles de couleurs et des matières variées.

Il existe dans le commerce un grand nombre de matériaux avec lesquels vous pourrez réaliser des objets en mosaïque, mais vous pouvez aussi utiliser des matériaux de récupération. Commencez à collecter des vieilles assiettes, des bouts de carrelages, des chutes de miroirs, des cailloux et des coquillages, des morceaux de verre dépoli et vous serez étonné de voir combien les possibilités sont vastes. De même, les sources d'inspiration sont nombreuses : les mosaïques anciennes, les motifs de tissus, les graphismes ethniques ou géométriques, les dessins d'enfants, les motifs végétaux, les mosaïques

d'artistes célèbres comme celles de Gaudí, par exemple...
Attention, en mosaïque, les résultats sont toujours spectaculaires mais les motifs peuvent rapidement devenir confus. Privilégiez donc les motifs simples, plus efficaces. Il en va de même pour le choix des couleurs : la sobriété donne toujours des résultats plus satisfaisants.
Sachez aussi que le joint modifie l'aspect général d'une mosaïque.
Sa pose est sans doute le moment le plus agréable.
Le joint relie les morceaux entre eux

et fait apparaître le motif de façon étonnante. La couleur du joint intervient également sur le résultat final.

Chaque type de matériau se découpe d'une façon particulière et il existe différentes méthodes pour les coller sur leurs supports. Lorsque vous cassez les morceaux de mosaïque et les tesselles et que les coupes ne sont pas absolument précises, ne soyez pas inquiets, l'imperfection donne du charme à l'objet. Gardez les chutes et les ratés, ils pourront vous servir pour d'autres réalisations.

L'exécution de tout objet doit faire appel à un travail de préparation. Posez-vous un certain nombre de questions. L'objet est-il décoratif ou utilitaire ? Présente-t-il des faces arrondies ou doit-il être parfaitement plan ? Les parois sont-elles verticales ou peut-on travailler à plat ? La surface à couvrir est-elle de grande taille ou peu importante ?

Des pictogrammes vous aideront à évaluer la difficulté du travail proposé.

N'hésitez plus et composez vos mosaïques !

TRÈS FACILE

FACILE

DIFFICILE

Matériel

Les outils

Trois outils de base sont nécessaires pour couper les différents matériaux avec lesquels on fait de la mosaïque. La carrelette est formée de deux parties : une molette qui sert à tracer la ligne de coupe et une sorte de pince qui permet de fendre le carreau d'un coup net. On l'utilise pour découper des carreaux de faïence lorsqu'on veut obtenir une coupe nette. Elle permet aussi de couper les petits bouts de miroir. La pince à mosaïque sert à découper et rogner toutes les variétés de carreaux, de faïences... Le découpe-verre est équipé d'une molette et permet de tracer la ligne de coupe sur le verre. On l'utilise pour découper le miroir de façon nette.

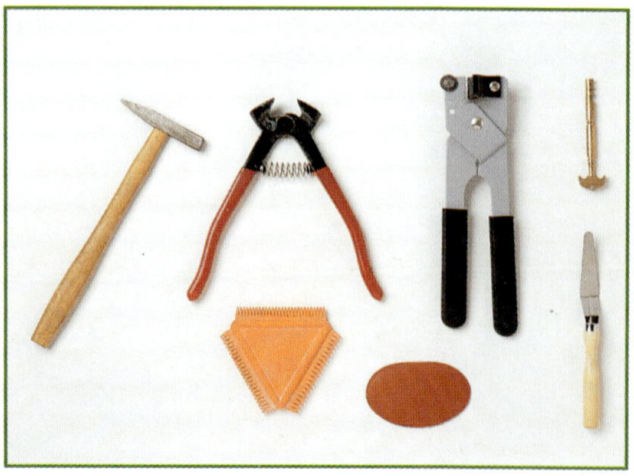

De gauche à droite : un marteau, une pince à mosaïque, une carrelette, un découpe-verre, une spatule pour étaler la colle à carrelage, une spatule crantée pour étaler la colle à carrelage sur les grandes surfaces, une spatule ou estèque pour étaler et lisser le joint.

De haut en bas et de gauche à droite : du papier-calque, un crayon, un feutre, des ciseaux, une règle pour reporter le motif, un pinceau pour coller les tesselles sur le kraft dans la méthode indirecte (voir p. 13) ; du papier anti-adhésif et un filet pour la méthode directe avec filet (voir p. 13), des gants de protection, du ruban de masquage pour maintenir les patrons en place, une éponge, un bâtonnet, un chiffon et du papier de verre pour les petites finitions.

De gauche à droite en partant du fond : l'acide chlorhydrique permet de nettoyer la mosaïque lorsqu'elle est terminée et complètement sèche. L'acide dissout les traces laissées par le joint sur les carreaux. Attention, l'acide chlorhydrique est un produit dangereux, lisez le mode d'emploi et portez des gants et un masque. Le vinaigre blanc sert également à nettoyer la mosaïque. Moins dangereux que l'acide chlorhydrique, il est conseillé pour les petits travaux. Mélangés au joint blanc ou gris, les pigments permettent de réaliser des joints de couleur. Mélangez bien la poudre au joint avant d'ajouter l'eau. La colle blanche spéciale mosaïque permet de coller facilement les petits morceaux ; elle est utile lorsqu'on veut obtenir des surfaces bien planes. Elle sert également dans la méthode indirecte au filet. La colle à papier peint est un produit particulièrement bon marché, qui sert essentiellement dans la méthode indirecte lorsqu'on colle des tesselles sur du papier kraft. Le mortier doit être mélangé à de l'eau. On l'utilise pour fabriquer des objets dans lesquels on peut incruster des carreaux de mosaïque. En petit tas, du joint blanc, du joint gris et du joint noir. La colle à carrelage, sur un morceau de faïence, s'achète toute faite. Elle permet de coller toutes les catégories de carrelages sur tous les supports.

La pâte de verre irisée

La pâte de verre. On la trouve en général en carreaux de 2 cm de côté, dans une grande variété de coloris.

La pâte de verre artisanale. Elle est de très belle qualité et a des coloris incomparables, mais elle est assez chère.

Mosaïque de Fez (Solargil)

Mosaïque romaine. Également appelée grès cérame, elle se présente sous la forme de carrés de 2 cm de côté et a un aspect mat. Les coloris sont moins vifs que ceux des pâtes de verre. Elle est facile à utiliser.

Les coquillages, les cailloux et le verre dépoli. Tous les petits objets que l'on ramasse sur la plage ou dans la nature peuvent s'intégrer à une mosaïque.

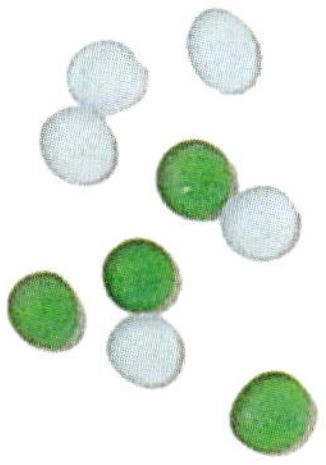

Les billes plates

Le miroir. Il se découpe avec un découpe-verre et une carrelette et permet de jouer avec la lumière.

L'ardoise. Ce matériau a tendance à s'effriter quand on le coupe, mais il est d'un bel effet sur les grandes surfaces.

Les carreaux de faïence. Les qualités et les coloris sont nombreux. Choisissez plutôt des carreaux fins, plus faciles à découper. En outre, ils n'ajouteront pas trop d'épaisseur à l'objet que vous souhaitez recouvrir.

Les assiettes cassées. Les motifs des assiettes anciennes présentent souvent de très jolies couleurs. Vous pouvez reconstituer les motifs cassés en plusieurs morceaux ou faire des motifs répétitifs avec plusieurs assiettes identiques.

Techniques générales :
de la coupe des matériaux à la pose du joint

LES DIFFÉRENTES TECHNIQUES DE COUPE

Selon que vous coupez des morceaux de miroir, de mosaïque romaine, de faïence ou encore de pâte de verre, vous n'utiliserez pas les mêmes instruments, ni ne procéderez de la même manière.

La coupe du miroir

1 Le tracé

Tracez une ligne au feutre pour indiquer la ligne de coupe. Posez le découpe-verre verticalement sur le miroir et tracez le trait en une seule fois en appuyant bien.

Le découpe-verre se conserve sur un coton imbibé de pétrole, pour empêcher la molette de se gripper.

2 La coupe

Introduisez le morceau de miroir entre les deux parties de la pince de la carrelette et placez celle-ci dans l'axe de la ligne de coupe. Fermez la pince et donnez un coup sec. Le miroir doit alors se fendre le long de la ligne.

La coupe de la pâte de verre

Placez environ un tiers de la tesselle dans la pince à mosaïque et exercez une légère pression. Ne placez jamais la tesselle entièrement dans la pince, elle se briserait. Tenez la pince suffisamment haut pour avoir plus de force.

Il faudra vous entraîner un peu au début, les tesselles ont tendance à s'effriter. Si les morceaux ne sont pas parfaits, mettez-les de côté pour un usage ultérieur, et n'oubliez pas que le hasard est souvent un allié de l'imagination.

La coupe de la mosaïque romaine

Il faut procéder de la même manière que pour la pâte de verre, toujours avec la pince à mosaïque. La mosaïque romaine, ou grès cérame, doit être placée dans la pince de la même façon que la pâte de verre.

Elle se découpe plus facilement que la pâte de verre car elle a moins tendance à s'effriter ; les coupes sont alors plus nettes et il est ainsi possible d'obtenir de très petits morceaux.

La coupe de la faïence (carrelage)

1 Le tracé

Tracez au feutre la ligne à découper sur le carrelage, puis repassez dessus avec la molette de la carrelette. Passez sur la ligne avec la carrelette en une seule fois. Il est inutile d'appuyer très fort.

2 La coupe

Introduisez le morceau de faïence entre les deux parties de la pince de la carrelette et placez celle-ci dans l'axe de la ligne de coupe. Fermez la pince et donnez un coup sec. Le carreau doit se casser net le long de la ligne. Cependant, si cette coupe n'est pas parfaitement nette, égalisez en rognant avec la pince à mosaïque le long de la ligne.

3 La rogne

Avec la pince mosaïque, rognez le morceau obtenu pour l'adapter au motif (voir le plateau de table p. 38).

La coupe des assiettes en faïence

Placez la pince à mosaïque à l'endroit où vous souhaitez couper, donnez un coup sec. L'assiette se casse alors facilement. Rognez ensuite, toujours avec la pince à mosaïque, pour affiner la coupe. N'utilisez que les bords et les fonds d'assiettes portant des motifs, les parties concaves sont difficiles à utiliser.

La coupe des ardoises

1 Découpe des plaques

Sur un chiffon plié en quatre, pour ramasser facilement les éclats, cassez grossièrement les plaques d'ardoise avec un marteau. Attention, l'ardoise s'effrite facilement.

2 Découpe des formes

Sur les morceaux obtenus, dessinez au crayon blanc les lignes à découper. Rognez avec la pince à mosaïque pour obtenir les formes souhaitées.

LA POSE DE LA MOSAÏQUE

Toutes les mosaïques se posent avec des colles spéciales qui doivent impérativement sécher pendant 12 heures avant que vous passiez à l'étape suivante. Le choix de la méthode de pose et de la colle est fonction de la dimension de l'objet, de sa forme, du support (horizontal ou vertical) et du rendu souhaité (plus ou moins lisse).

La méthode directe

Le motif est directement appliqué sur le support avec une colle : colle blanche ou colle à carrelage.

La colle blanche spéciale mosaïque

Elle doit être employée pour les objets plats, les petits morceaux et les objets dont le rendu de la surface doit être bien lisse. La colle peut être appliquée directement sur la tesselle ou sur l'objet lui-même.

La colle à carrelage prête à l'emploi

Elle sera employée pour les objets arrondis (pot de fleurs par exemple) et les grandes surfaces, les morceaux irréguliers, les cailloux, les coquillages et les parois verticales. La colle à carrelage doit être étalée sur le support avec une spatule.

La méthode directe avec filet

Le motif est appliqué sur un support intermédiaire avant d'être mis en place. Cette méthode est particulièrement utile pour les grandes surfaces que l'on ne peut pas réaliser en une seule fois et que l'on peut ainsi mettre en attente. Les carreaux sont collés à l'endroit avec de la colle blanche sur le filet, ce qui permet de visualiser le résultat final et au besoin de le corriger. Le filet est utilisé pour la réalisation du plateau de table p. 38 et du panneau de jardin p. 54.

1 Le report du motif

Placez le papier anti-adhésif sous le filet. Dessinez avec un gros feutre noir le motif sur le filet coupé aux bonnes dimensions.

2 La pose sur le filet

Collez le motif sur le filet avec la colle blanche à mosaïque. Laissez sécher 12 heures.

3 La coupe du filet

Enlevez le papier anti-adhésif et coupez le filet qui dépasse autour du motif, au cutter ou avec des ciseaux.

4 La pose sur le support

Enduisez le support de colle à carrelage avec une spatule crantée. Collez le motif. Appuyez de façon régulière pour que la colle remonte entre les mailles du filet et laissez sécher 12 heures avant de poser le joint.

La méthode indirecte

Le motif est d'abord posé à l'envers sur un papier avant d'être collé sur le support définitif.

Avec du papier kraft

Cette méthode est particulièrement utile pour les petits morceaux et les pâtes de verre. Elle est employée pour le dessous-de-plat provençal p. 20 et pour la frise en pâte de verre p. 20 et p. 16.

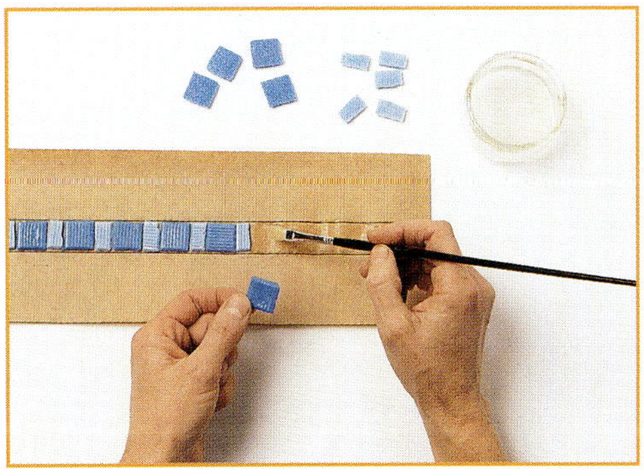

1 La pose sur papier

Avec de la colle à papier peint que vous appliquerez avec un petit pinceau brosse, collez les morceaux de pâte de verre, à l'envers, sur le papier kraft. Le côté face des pâtes de verre est enduit de colle à papier peint et appliqué sur le papier. Laissez sécher 12 heures.

2 La pose sur support

Coupez le papier kraft le long des bords de la frise, puis collez la frise sur son support avec de la colle à carrelage, étalée avec une spatule. Laissez sécher 12 heures.

3 Le retrait du kraft

Imbibez le papier kraft d'eau avec une éponge : il se décolle alors tout seul. Vous pouvez ensuite poser du carrelage tout autour de la frise. Finissez en posant le joint.

Le joint

Il existe du joint pour l'intérieur et du joint pour l'extérieur.

La préparation

Le joint se présente sous la forme d'une poudre fine, qu'il faut mélanger avec de l'eau pour obtenir une pâte à étaler sur la mosaïque et qui permet de remplir les interstices entre les différents morceaux.

La pose du joint

1 Application du joint

Avec une spatule ou estèque posez le joint sur la surface de mosaïque en prenant bien soin d'en mettre dans tous les interstices. Enduisez l'ensemble de la surface.

2 Retrait de l'excédent

Avec l'estèque ou la spatule, enlevez le surplus.

3 Nettoyage de la surface

Au bout de 30 minutes, lorsque le joint a légèrement pris, nettoyez l'objet avec une éponge humide, puis avec un chiffon.

Le joint coloré

Mélangez soigneusement une poudre pour joint neutre (gris clair ou blanc) avec des pigments en poudre. Les pigments en poudre sont très concentrés, une très petite quantité

suffit pour colorer le joint. Ajoutez les pigments progressivement pour obtenir la couleur souhaitée.

Ajoutez de l'eau en suivant les indications notées sur l'emballage et mélangez bien. La couleur devient plus intense. Si la couleur vous semble trop claire, vous pouvez encore ajouter des pigments. Attention, le joint éclaircit un peu en séchant. Tenez-en compte.

Le nettoyage des taches

Lorsque le joint est sec, frottez l'objet avec un chiffon doux. Ensuite, vous pouvez enlever l'excédent de joint qui a terni les morceaux de mosaïque (pâtes de verre, coquillages, verre dépoli, billes) avec du vinaigre blanc ou avec de l'acide chlorhydrique en ayant soin de porter des gants.

Pour l'acide chlorhydrique, suivez attentivement les indications mentionnées sur la bouteille et portez un masque pour éviter d'inhaler les vapeurs d'acide.

LES FINITIONS

Si vous souhaitez poser une baguette autour d'un objet, placez-la avant de mettre le joint et remplissez bien tous les interstices.
Vous pouvez peindre la baguette de la même couleur que le joint avec de la peinture acrylique.
Les bords en bois peuvent être patinés de la façon suivante : une couche de peinture acrylique blanche, puis une couche de cire neutre mélangée à du pigment de la même couleur que celui utilisé pour le joint (c'est le cas du plateau de la page 28).
Certaines mosaïques, comme les mosaïques romaines et l'ardoise, sont très jolies lorsqu'on les cire avec une cire neutre et qu'on les fait briller avec un chiffon doux.

Une couleur de joint différente sur un même objet donne un tout autre résultat. À gauche, joint blanc, et à droite, joint bleu.

Frise en pâte de verre

FACILE
MÉTHODE INDIRECTE

FOURNITURES

Pâtes de verre :
jaune, vert amande, vert fougère et vert feuille

Pour une frise de 100 x 4 cm :

- **Bande de papier kraft de 1 m de long sur au moins 12 cm de large**
- **Colle à papier peint**
- **Colle à carrelage**

MATÉRIEL

- **Crayon**
- **Règle**
- **Pince à mosaïque**
- **Petit pinceau brosse**
- **Ciseaux**
- **Spatule crantée**
- **Niveau**
- **Couteau de peintre**
- **Éponge**

Pour le joint :

- **Joint blanc**
- **Bassine**
- **Estèque**
- **Chiffon**
- **Éponge**

Égayez votre salle de bains avec une frise en pâte de verre. Posez tout autour un carrelage assorti.

1 Réalisation du patron

En vous aidant d'une règle, tracez au crayon au milieu de la bande de papier kraft une bande de 4 cm de large. Divisez cette bande en trois bandes, soit une de 1 cm, une de 2 cm et une de 1 cm de large.

2 Découpe des tesselles

Avec la pince à mosaïque, coupez les pâtes de verre en deux, de manière à obtenir des barrettes, et en quatre, pour faire les petits carrés.

3 Pose des tesselles

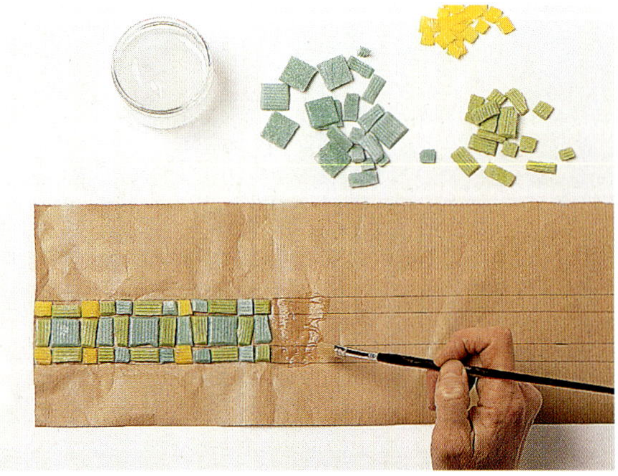

Préparez une petite quantité de colle à papier peint en suivant les instructions notées sur l'emballage. Avec un petit pinceau brosse, enduisez la face des morceaux de pâte de verre et collez-les sur le papier kraft. Disposez-les selon le modèle de la page 18. Laissez sécher 12 heures. Préparez de cette manière autant de bandes de un mètre que nécessaire pour réaliser votre frise.

4 Installation de la frise

Coupez l'excédent de papier kraft au-dessus et en dessous de la frise. Avec une règle et un niveau, placez les repères nécessaires là où vous souhaitez installer votre décor. Enduisez la surface de colle à carrelage avec une spatule crantée.

Appliquez la frise progressivement en la déroulant au fur et à mesure sur la colle. Appuyez bien. Avec un couteau de peintre, enlevez le surplus de colle sur le mur, autour de la frise. Laissez sécher 12 heures.

5 Finitions

Avec une éponge mouillée, détrempez le papier kraft afin de pouvoir le décoller. Posez un joint blanc (voir techniques générales p. 14).

Aromathology
MASSAGE OIL
HUILE DE MASSAGE
100 ml
Relaxation

Frise en pâte de verre

Préparez votre frise sur la bande de papier kraft en respectant l'ordre des formes et des couleurs indiquées. Répétez ce motif autant de fois que nécessaire pour obtenir la longueur souhaitée.

Variantes

Coupez les pâtes de verre de la même manière que pour le modèle (p. 18). Pour faire les triangles, coupez avec la pince à mosaïque le long des diagonales des carrés.

Variante 1 : bleu nil, bleu pastel, blanc.

Variante 2 : orange, corail, vert amande

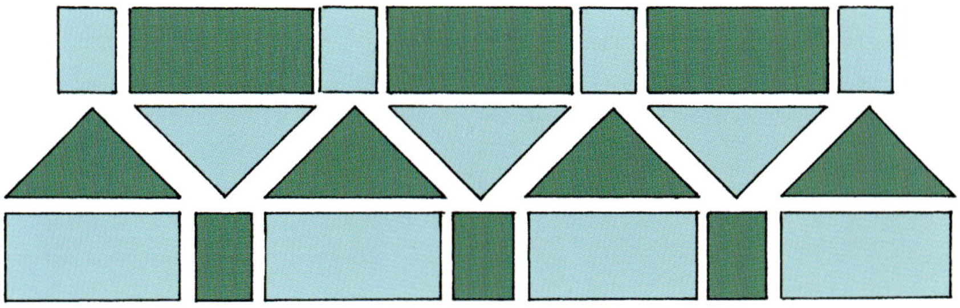

Variante 3 : vert fougère, vert pastel

Variante 4 : bleu nil, noir, vieil or

FACILE
MÉTHODE INDIRECTE

Dessous-de-plat provençal

Un dessous-de-plat aux couleurs claires, décoré d'olives qui apportera un peu de soleil sur votre table.

FOURNITURES

PÂTES DE VERRE : bleu métallisé, vert amande, vert fougère et vert feuille

MOSAÏQUE ROMAINE : jaune paille

Pour un dessous-de-plat de 21 cm de côté :

- Feuille de papier-calque
- Feuille de papier kraft
- Colle à papier peint
- Planche de médium de 21 cm de côté et de 1 cm d'épaisseur
- Colle blanche spéciale mosaïque
- Cire liquide transparente

MATÉRIEL

- Crayon
- Pince à mosaïque
- Petit pinceau brosse
- Éponge
- Chiffon
- Cire liquide

Pour le joint :

- Joint blanc
- Pigment vert anglais
- Bassine
- Estèque
- Chiffon
- Éponge

Le charme de ce dessous-de-plat vient de la juxtaposition des matériaux : brillants pour le motif et mats pour le fond.

1 REPORT DU MOTIF

Agrandissez le motif de la page 22 à la bonne dimension. Reportez-le au crayon sur une feuille de papier-calque puis reproduisez-le sur le papier kraft.

2 PRÉPARATION DES TESSELLES

Commencez par découper les feuilles et les olives dans les pâtes de verres. Pour cela, prenez un carré de pâte de verre et rognez progressivement deux angles opposés avec la pince à mosaïque.

Toujours avec la pince, coupez les carreaux de mosaïque romaine en quatre pour former les carrés du centre du dessous-de-plat. Coupez-en d'autres en triangles, de manière irrégulière pour casser la géométrie de l'ensemble. Ils entoureront les feuilles et formeront le cadre.

3 PRÉPARATION DE LA COLLE

Préparez une petite quantité de colle à papier peint en suivant les instructions notées sur l'emballage.

4 POSE SUR PAPIER

Avec un petit pinceau brosse, enduisez les pates de verre en forme de feuilles et les olives de colle à papier peint. Collez-les face contre le papier kraft.

Collez ensuite les carrés de mosaïque romaine, toujours avec la colle à papier peint, et terminez par les triangles. Laissez sécher 12 heures.

5 POSE SUR LE SUPPORT

Enduisez la planche de médium d'une couche de colle blanche. Répartissez bien la colle en vous aidant d'un outil long et plat. Retournez la mosaïque collée sur le kraft sur la colle blanche.

Appuyez bien. Laissez sécher 12 heures, puis avec une éponge humide, détrempez le papier kraft. Le papier se décolle facilement (voir p. 13).

6 POSE DU JOINT

Préparez le joint en ajoutant six cuillères à soupe de pigment vert anglais et étalez-le. Lorsque le joint est sec, cirez le dessous-de-plat avec de la cire liquide.

Variantes

À partir des mêmes motifs de feuille et d'olive découpés en pâte de verre, vous pouvez faire varier les décors et les couleurs, de même que le fond en mosaïque romaine.

Variante 1 :
pâtes de verre vert pastel, vert fougère, vert marin ;
mosaïque romaine chocolat, brique.

Variante 2 :
pâtes de verre bleu turquoise, bleu ciel, vert feuille ;
mosaïque romaine cendre, brume.

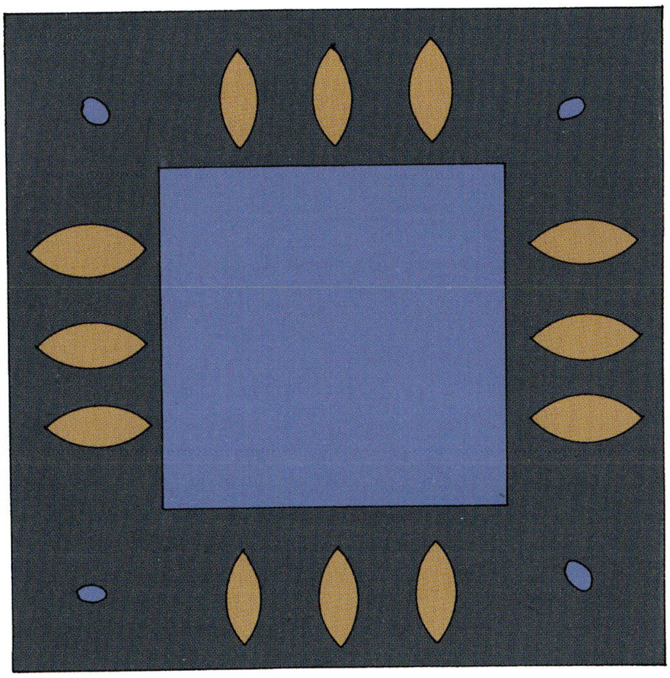

Variante 3 :
pâtes de verre vieil or, bleu nil ;
mosaïque romaine noire.

Variante 4 :
pâtes de verre corail, vert amande ;
mosaïque romaine paille, moutarde.

Pot fleuri

FACILE
MÉTHODE DIRECTE

Donnez une nouvelle vie à un pot ébréché ou tout simplement qui ne vous plaît plus !

FOURNITURES

ASSIETTES ANCIENNES ÉBRÉCHÉES
- Pot en terre arrondi de 18 cm de diamètre
- Carreaux de faïence unis assortis
- Colle à carrelage

MATÉRIEL

- Pince à mosaïque
- Spatule
- Carrelette

Pour le joint :
- Joint gris clair
- Pigment
- Bassine
- Spatule ou estèque
- Chiffon
- Éponge

Habillez différentes formes de pots, qui se mélangeront agréablement sur votre balcon ou votre terrasse.

1 DÉCOUPE DES ASSIETTES

Choisissez un motif répétitif sur une assiette et découpez avec la pince à mosaïque le nombre nécessaire de morceaux pour faire la bordure du haut (ici 18 morceaux). Rognez également le bord de l'assiette avec la pince à mosaïque pour que le joint prenne mieux par la suite.
Pour le pot lui-même, choisissez un motif floral que vous répéterez dix fois. Cassez les dix fleurs en trois ou quatre morceaux avec la pince à mosaïque.

2 POSE DE LA BORDURE

Avec la colle à carrelage, que vous étalerez avec une spatule, collez les morceaux d'assiette sur le pot en commençant par la bordure supérieure. Placez bien les fleurs les unes à côté des autres pour éviter d'avoir à mettre trop de joint.

3 RÉPARTITION DU MOTIF FLORAL

Collez ensuite les fleurs sur la partie inférieure du pot et entourez-les de morceaux de carreaux de faïence unie que vous découperez au fur et à mesure avec une carrelette. Répartissez les dix fleurs de façon régulière. Si nécessaire, recoupez-les avec la pince afin qu'elles épousent bien la forme du pot. Disposez-les à différentes hauteurs.

4 FINITIONS

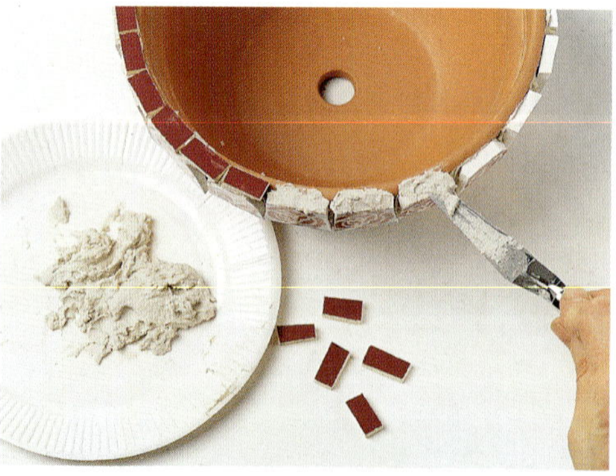

Avec la carrelette, découpez des petites barrettes de carrelage de 1 x 2 cm et posez-les à cheval sur le bord supérieur du pot pour faire la finition.

5 POSE DU JOINT

Préparez un joint coloré assorti aux motifs et étalez-le (voir techniques générales p. 14).

Pot fleuri

Variantes

La tranche est composée de barrettes unies de 2 x 1 cm, découpées dans des morceaux d'assiettes ; le rebord est recouvert de morceaux tous identiques à motifs verts, également découpés dans une assiette. Le reste du pot est composé de morceaux de faïence de deux verts différents et de morceaux d'assiettes harmonieusement répartis. Le joint a été coloré avec du pigment vert anglais.

L'ensemble est composé de morceaux d'assiettes différentes, de toutes les couleurs, répartis sur toute la surface du pot. Le joint blanc, une fois sec, a été recouvert d'une couche de peinture acrylique dorée, de même que la tranche du pot.

Les morceaux d'assiettes découpées sont ici utilisés à intervalles réguliers comme motifs décoratifs tout autour du pot. Les couleurs des morceaux, jaune et orangé, ont été choisies de façon à s'harmoniser avec la faïence qui recouvre l'ensemble. La tranche est composée de barrettes unies de 2 x 1 cm, le joint a été coloré avec du pigment ocre rouge qui rappelle la couleur de l'argile.

La tranche est composée de barrettes de miroir de 2 x 1 cm, la mosaïque du pot est composée, dans le haut, de motifs bleus d'assiettes découpées à la pince, puis, en descendant, d'un mélange de motifs d'assiettes bleus, de morceaux de faïence blanche et de miroirs, puis uniquement de faïences blanches. Le joint a été coloré avec du pigment bleu outremer.

TRÈS FACILE
MÉTHODE DIRECTE

Plateau « picassiette »

Un joli décor qui peut s'appliquer sur n'importe quel plateau, neuf ou ancien, pour lui donner charme et fantaisie.

FOURNITURES

ASSIETTES ANCIENNES ÉBRÉCHÉES
- Plateau en bois de 29 x 31,5 cm
- Feuille de papier kraft
- Colle blanche spéciale mosaïque
- Peinture acrylique

MATÉRIEL

- Règle
- Crayon
- Ciseaux
- Pince à mosaïque
- Pinceau

Pour le joint :
- Joint gris
- Pigment
- Bassine
- Spatule ou estèque
- Chiffon
- Éponge

Vous pourrez facilement appliquer cette technique sur un plateau rond.

❶ RÉALISATION DU PATRON

Prenez les mesures du fond du plateau et découpez dans du papier kraft un patron à ces dimensions. Tracez les diagonales pour déterminer le milieu du plateau sur le patron. Faites la même chose sur le plateau lui-même.

❷ DÉCOUPE DES ASSIETTES

Sélectionnez un choix d'assiettes anciennes ébréchées. Pour le motif central du plateau, choisissez une assiette avec un motif très décoratif. Pour les cercles, prenez des assiettes dont les bords sont bien décorés. Prévoyez deux assiettes décorées du même motif pour les grands cercles.

Avec la pince à mosaïque, découpez les morceaux qui vont former le motif central. Les assiettes se découpent facilement ; cependant, si une fleur ou un motif se cassent, cela n'a pas d'importance, vous pourrez les reconstituer en collant les morceaux les uns à côté des autres, et le joint fera le lien.

❸ PRÉPARATION DU MOTIF

Avec la pince à mosaïque, rognez bien tous les morceaux pour que le joint prenne mieux par la suite.
Posez les morceaux d'assiette sur le papier kraft pour juger de l'effet final.

Commencez par le milieu et allez vers l'extérieur.

❹ POSE DE LA MOSAÏQUE

Une fois que vous avez arrêté votre composition sur le papier kraft, prenez les morceaux d'assiette un à un et collez-les sur le plateau avec de la colle blanche à mosaïque. Commencez par le centre. Rapprochez le plus possible les morceaux les uns des autres. Terminez en plaçant quatre motifs semblables à chaque angle. Laissez sécher 12 heures.

❺ POSE DU JOINT

Choisissez une couleur de joint adaptée à l'ensemble des motifs et mélangez-en une quantité suffisante. Étalez le joint (voir techniques générales p. 14). Laissez sécher 12 heures, puis peignez le bois du plateau de la même couleur que le joint.

Boîte à bijoux

FACILE
MÉTHODE DIRECTE

FOURNITURES

CHUTES DE MIROIR
◆ Boîte carrée en bois de 10,5 cm de côté
◆ Feuille de papier-calque
◆ Colle blanche spéciale mosaïque

MATÉRIEL

◆ Règle
◆ Découpe-verre
◆ Carrelette
◆ Crayon
◆ papier-calque
◆ Feutre noir

Pour le joint :
◆ Joint gris
◆ Bassine
◆ Spatule ou estèque
◆ Chiffon
◆ Éponge

Si vous préférez, vous pouvez utiliser des pâtes de verre colorées à la place des bris de verre.

Donnez à vos miroirs brisés une seconde vie remplie de bijoux !

1 DÉCOUPE DU MIROIR

Découpez les morceaux de miroir en vous aidant du découpe-verre et de la carrelette (voir techniques générales p. 10). Suivez le motif de la page 32.

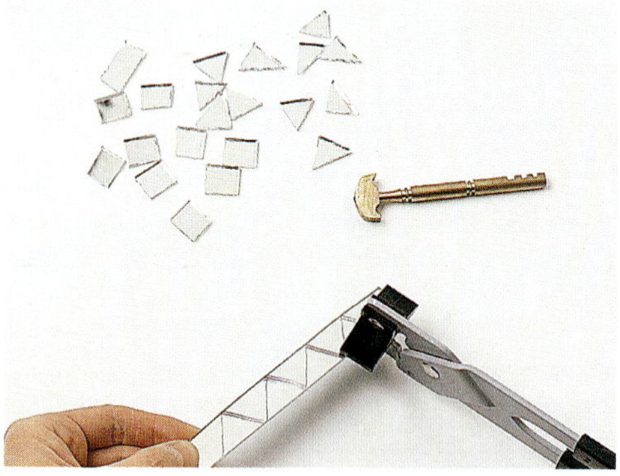

Pour le carré central, découpez un carré de 3,5 cm de côté, puis recoupez-le en suivant les diagonales pour obtenir quatre triangles.
• Découpez quatre triangles rectangles isocèles de 2,5 cm de côté en quatre petits triangles : reportez-vous au schéma n° 2, page 32.
• Découpez des bandes de 1,5 cm de large en carrés et des bandes de 1,5 cm de large en triangles. Découpez ainsi 20 carrés et 36 triangles.
• Découpez dans une bande de 2,3 cm de large des barrettes d'environ 1,2 cm de large, pour les bords du couvercle.
• Découpez des carrés d'environ 2 cm de côté pour les côtés de la boîte.

2 REPORT DU MOTIF

Décalquez à la main, sans règle, le motif et reportez-le sur le couvercle de la boîte. Repassez le tracé au feutre noir.

3 POSE DES BARRETTES SUR LES BORDS DU COUVERCLE

Avec de la colle blanche à mosaïque,

collez les barrettes de 1,2 cm de large tout autour du couvercle. Faites-les se chevaucher aux angles.

4

POSE DU MOTIF

Collez les morceaux de miroir sur le couvercle en commençant par le centre. La dernière rangée de triangles doit recouvrir la rangée de barrettes formant le bord afin d'en dissimuler la tranche. Collez les carrés de 2 cm sur les côtés de la boîte de la même façon en les faisant se chevaucher aux angles. Laissez sécher 12 heures.

5 POSE DU JOINT

Lorsque la colle est bien sèche, mettez un joint gris (voir techniques générales p. 14).

Boîte à bijoux

Schéma 1 : tracé à décalquer et à reporter sur le couvercle de la boîte.

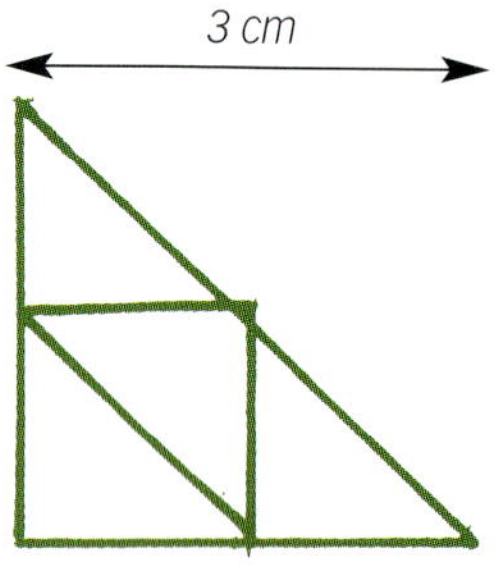

Schéma 2 : triangle isocèle de 2,5 cm de côté à découper de manière à obtenir quatre petits triangles.

Variantes

Jouez autrement avec l'esprit « carré » de ce motif ; voici trois variantes qui peuvent également être réalisées avec des tesselles de couleur.

Variante 1 : miroir ; pâtes de verre vert feuille, vert fougère, vert sapin.

Variante 2 :
miroir ; pâtes de verre bleu nil, bleu pastel.

Variante 3 :
miroir ; pâtes de verre vert corail, orange.

TRÈS FACILE
MÉTHODE DIRECTE

Cache-pot à jacinthe

Ce cache-pot aux teintes pastel égayera chaque printemps votre jardin de bulbes odorants.

FOURNITURES

Carreaux de faïence : bleu clair
- **Pot métallique carré de la taille d'un pot à jacinthe**
- **Feuille de papier kraft**
- **Chutes de miroir**
- **Colle blanche spéciale mosaïque**

OUTILLAGE

- **Crayon**
- **Règle**
- **Carrelette**
- **Feutre fin**
- **Découpe-verre**
- **Pince à mosaïque**

Pour le joint :
- **Joint gris**
- **Bassine**
- **Spatule ou estèque**
- **Chiffon**
- **Éponge**

1 Réalisation du patron

Découpez dans une feuille de papier kraft le patron d'une face du pot. En haut du patron, tracez une bande de 2 cm de large puis, en dessous, une autre bande de 1,8 cm de large.

2 Découpe des parties supérieure et inférieure

Dans un carreau de faïence bleu clair, coupez, avec une carrelette, la bande supérieure de 2 cm de large. Utilisez un des bords du carreau. Posez le patron sur la bande de carreau obtenue et, avec un feutre fin, tracez les bords en biais.

Avec la carrelette, coupez sur les tracés. Découpez la partie supérieure du pot, puis faites de même pour la bande inférieure. Coupez trois rectangles de miroir d'environ 1,5 x 2 cm (voir techniques générales p. 10) pour la partie centrale. Procédez de la même manière pour les trois autres faces du pot.

3 Découpe des morceaux

Avec la carrelette, coupez dans la bande de 2 cm de large des morceaux au hasard. Reconstituez la bande sur le patron en veillant, pour la finition, à ce que le bord du carrelage figure au haut du pot. Procédez de même pour la partie inférieure du pot, puis pour les trois autres faces.

4 Pose de la faïence

Prenez les morceaux que vous avez disposés sur le patron et collez-les un à un sur le pot avec de la colle blanche à mosaïque. Commencez par la bande supérieure, puis collez les trois rectangles de miroir. Terminez par les éléments de la bande inférieure.

En raison des espaces nécessaires au joint, il vous faudra rogner certains morceaux à la pince à mosaïque pour qu'ils ne débordent pas sur les côtés. Laissez sécher 12 heures. Procédez de la même manière pour les trois autres faces du pot.

5 Pose du joint

Lorsque la colle est sèche, posez le joint gris sur les quatre faces du pot (voir techniques générales p. 14).

Cache-pot à jacinthe

La bande du milieu est toujours constituée de morceaux de miroirs, mais ils sont de formes différentes. Variez aussi la couleur des carreaux de faïence utilisés, bleu clair ou rose comme les jacinthes.

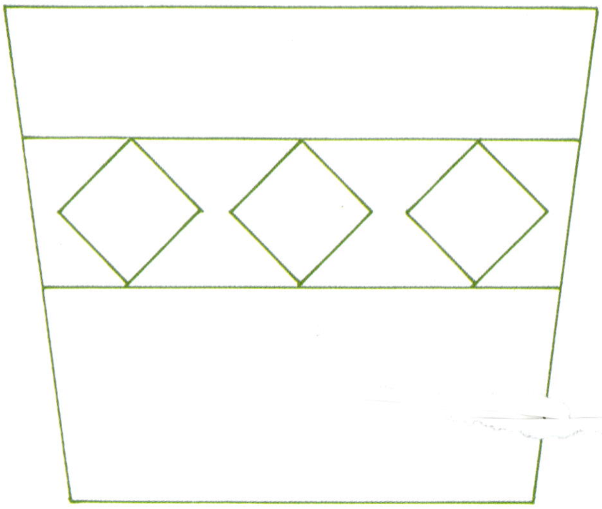

Variantes

Sur le principe d'un motif répété de feuille(s), vous pouvez créer de multiples décors en faisant varier la disposition ou le nombre de feuilles et de carrés.

Variante 1 :
faïences jaune, vert mousse, vert foncé, vert émeraude.

Variante 2 :
faïences jaune clair, corail, rouge bordeaux, orange.

Variante 3 :
faïences bleu moyen, bleu clair.

Plat en spirale

DIFFICILE
MÉTHODE DIRECTE

Transformez une simple assiette en un plat aux tons chauds, original et très décoratif.

FOURNITURES

MOSAÏQUE ROMAINE : chocolat, brique et noire
- Assiette noire de 30 cm de diamètre
- Tissu transparent type voile d'hivernage
- Ruban de masquage
- Colle blanche spéciale mosaïque

MATÉRIEL

- Crayon
- Ciseaux
- Crayon gras blanc
- Pince à mosaïque

Pour le joint :
- Joint noir
- Bassine
- Spatule ou estèque
- Chiffon
- Éponge

1 REPORT DU MOTIF

Commencez par agrandir à la photocopieuse le motif de la page 44 sur du tissu transparent type voile d'hivernage plus souple que du papier-calque.
Avec des ciseaux, coupez le long de la ligne. Placez la spirale ainsi découpée sur l'assiette. Faites la tenir avec du ruban de masquage.

Reportez la spirale sur l'assiette. Avec un crayon blanc, tracez une ligne le long de la découpe. Soulevez le voile au fur et à mesure que vous avancez pour ne pas être gêné.
Si vous vous en sentez capable, n'hésitez pas à tracer la spirale à main levée, en traçant tout d'abord deux cercles concentriques (voir explications sous le tracé p. 44, schéma 1).

2 DÉCOUPE DES TESSELLES

Avec la pince à mosaïque coupez chaque carré de mosaïque romaine en quatre petits carrés, puis chaque carré ainsi obtenu en deux petits triangles. Avec une tesselle carrée, on obtient huit triangles. Il vous faudra couper environ cinquante carrés de chaque couleur.

3 POSE DE LA LIGNE GÉNÉRALE

Enduisez de petites surfaces de l'assiette de colle à mosaïque et posez les tesselles. Commencez par le centre. Posez d'abord environ 60 cm de triangles chocolat, puis le reste en triangles brique. Vous obtenez ainsi la ligne générale de la spirale.

4 REMPLISSAGE

Posez les triangles à l'intérieur de la spirale en les encastrant les uns dans les autres. Au moment des changements de couleur estompez le passage en posant quelques triangles chocolat dans le brique, puis brique dans le chocolat, puis noirs dans le chocolat et chocolat dans le noir.

5 POSE DU JOINT

Laissez sécher pendant 12 heures et posez du joint noir (voir techniques générales p. 14).

Plat en spirale

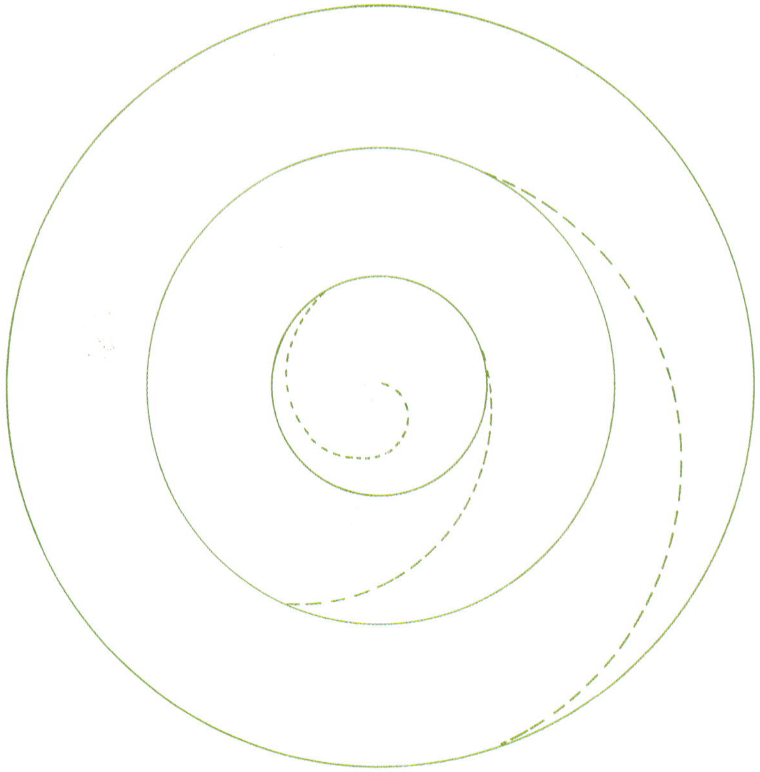

Schéma à agrandir à 300 % et à reporter sur un voile d'hivernage.
Pour dessiner directement la spirale dans votre plat, vous pouvez tracer deux cercles concentriques.
Réunissez, comme sur le schéma et selon les pointillés, le cercle central au cercle suivant,
puis celui-ci au bord du plat. Terminez la spirale à l'intérieur du cercle central.

Variantes

Avec la photocopieuse, agrandissez le schéma à la taille souhaitée et reproduisez-le dans votre assiette, ou dessinez-le à main levée avec un crayon gras : le dessin n'a pas besoin d'être parfait.

Variante 1 :
mosaïque romaine brume, petits triangles noirs ; mosaïque romaine noire, petits triangles brume.

Bougeoir zen

Disposez le motif en suivant les schémas ci-dessous, sans oublier de poser les miroirs à l'envers sur la feuille de plastique.

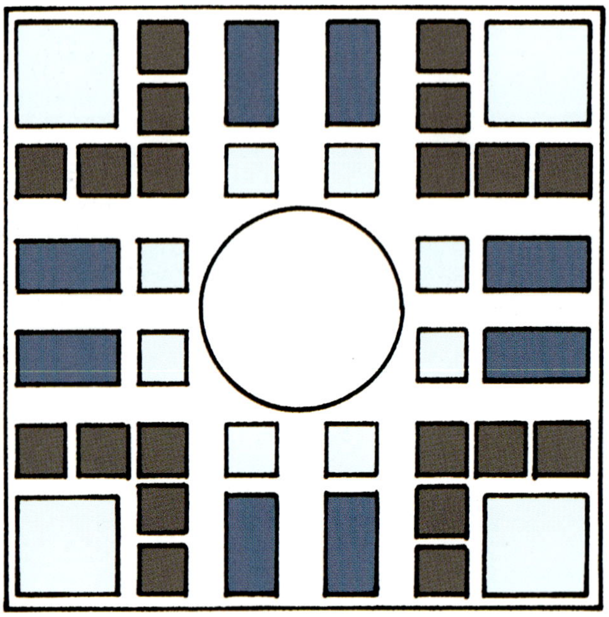

Bougeoir 1

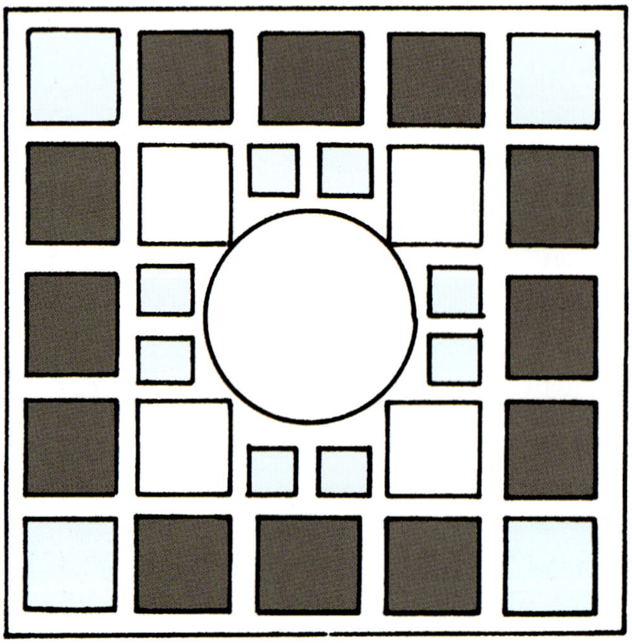

Bougeoir 2

Variantes

Changez la disposition des formes et les couleurs. Vous obtiendrez ainsi des bougeoirs différents pouvant former un ensemble harmonieux.

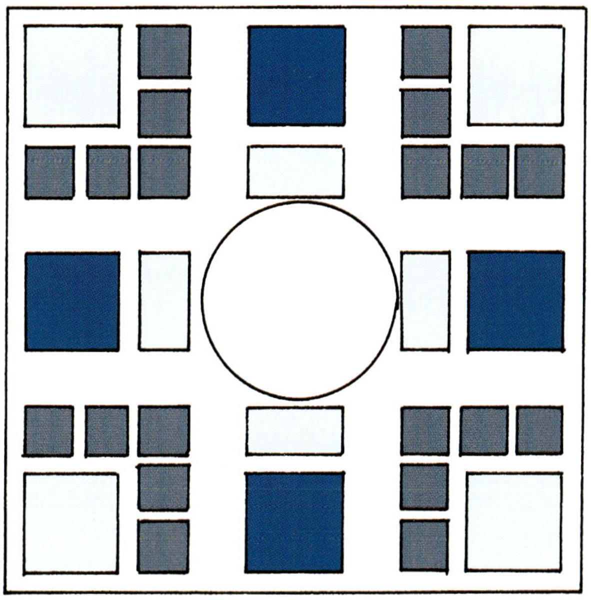

Variante 1 : miroir ; mosaïque romaine bermude, bleu roi.

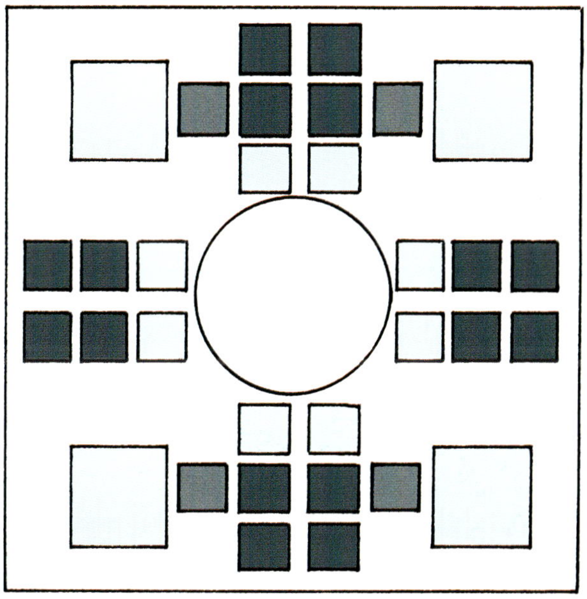

Variante 2 : miroir ; mosaïque romaine épicéa, tilleul.

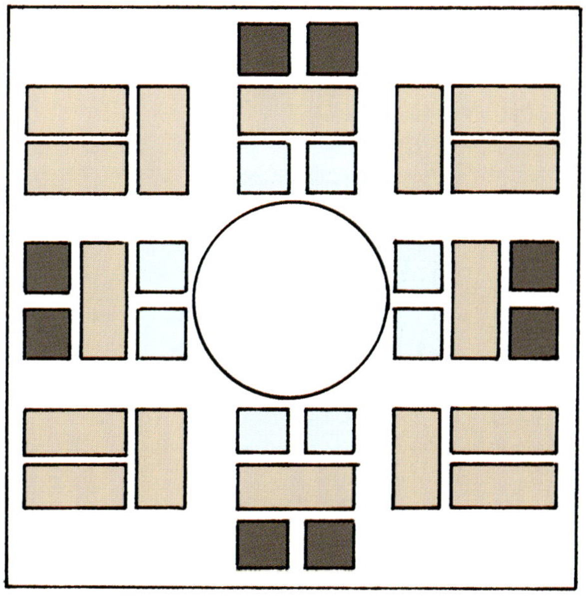

Variante 3 : miroir ; mosaïque romaine rose clair, brume.

Miroir aux coquillages

TRÈS FACILE
MÉTHODE DIRECTE

FOURNITURES

ASSORTIMENT DE COQUILLAGES

Pour un miroir de 15 cm de côté :

- Feuille de papier kraft
- Miroir de 15 cm de côté
- Billes plates dépolies vertes et bleues
- Morceaux de verre dépoli
- Cailloux blancs
- Planche de médium de 33 cm de côté et 1 cm d'épaisseur
- Colle à carrelage

Dimensions de l'objet terminé : 33 x 33 x 1 cm

MATÉRIEL

- Crayon
- Règle
- Spatule
- Pic à brochette

Pour le joint :

- Joint blanc
- Bassine
- Spatule ou estèque
- Gants en caoutchouc
- Chiffon
- Éponge

Les cailloux et les coquillages de ce miroir vous rappeleront chaque jour la douceur des vacances et le bruit de la mer...

1 PRÉPARATION DU MOTIF

Sur une feuille de papier kraft, dessinez au crayon un carré de 33 cm de côté. Tracez au centre l'emplacement du miroir, à 9 cm des bords.

Disposez les coquillages sur le patron en commençant par le tour du miroir. Continuez avec les billes, les morceaux de verre dépoli et les cailloux.

2 POSE DES COQUILLAGES

Indiquez l'emplacement du miroir sur votre planche, à 9 cm des bords ; veillez à ce que le miroir soit bien centré et collez-le avec de la colle à carrelage.

Avec la spatule, étalez une petite quantité de colle à carrelage autour du miroir et collez les coquillages un à un sur la planche dans le même ordre que sur le papier. Procédez par bande. Collez ensuite les morceaux de verre dépoli, puis les motifs du milieu, et enfin ceux du tour extérieur. Avec un pic à brochette, enlevez l'excédent de colle entre les coquillages. Laissez sécher 12 heures.

3 POSE DU JOINT

Lorsque tout est bien sec, étalez un joint blanc (voir techniques générales p. 14). Sur les surfaces irrégulières, la pose du joint se fait au doigt : mettez des gants en caoutchouc. Veillez à bien faire pénétrer le joint dans les interstices. Avant que le joint soit parfaitement sec, nettoyez avec un chiffon et une éponge humide. La pose du joint est un peu longue à cause de l'irrégularité de la surface, mais elle ne présente aucune difficulté.

Miroir aux coquillages

Sur le schéma ci-dessus, la disposition des divers éléments correspond au miroir réalisé p 51.
Adaptez ce modèle en fonction de la taille et de la variété des coquillages, des cailloux et des morceaux de verre dépoli dont vous disposez. Nous vous proposons ci-contre quelques variantes.

Variantes

Utilisez toujours les mêmes éléments,
mais modifiez le décor en les disposant différemment.

Panneau de jardin

DIFFICILE
MÉTHODE DIRECTE
AVEC FILET

FOURNITURES

ARDOISE

CARREAUX EN PATE DE VERRE :
vieil or

MORCEAUX DE VERRE DÉPOLI :
vert

Pour un panneau de 70 x 70 x 1 cm :

- Carré de filet de 70 cm de côté avec papier anti-adhésif
- Carreaux en pâte de verre vieil or
- Ardoise
- Colle blanche spéciale mosaïque
- Panneau de médium de 70 cm de côté et 1 cm d'épaisseur
- Colle à carrelage

MATÉRIEL

- Feutre épais
- Pince à mosaïque
- Marteau
- Torchon
- Spatule

Pour le joint :

- Joint noir
- Bassine
- Spatule ou estèque
- Chiffon
- Éponge

Dans votre jardin, cachez un pan de mur lézardé avec ce panneau décoratif. Laissez pousser la végétation tout autour.

❶ REPORT DES MOTIFS

Sur votre plan de travail, posez le papier anti-adhésif, puis le filet. En vous aidant des mesures du schéma 1 page 56, reproduisez au feutre épais le motif sur le filet.

❷ DÉCOUPE DES TESSELLES

Découpez à l'aide de la pince à mosaïque des carrés de 1 cm de côté en verre dépoli, en ardoise et en pâte de verre vieil or. Avec la colle blanche, collez les carreaux dorés entiers aux endroits indiqués sur le schéma 1.

❸ RÉALISATION DES MOTIFS

En alternant les schémas 2 et 3 (p. 56), collez le motif central, composé de neuf carrés, commencez toujours par le centre du carré.

❹ PRÉPARATION DU FOND

Avec un marteau, cassez grossièrement des morceaux d'ardoise. Installez-vous sur un torchon car l'ardoise fait de nombreux éclats. Au fur et à mesure, retaillez les morceaux d'ardoise en les rognant avec la pince à mosaïque.

Remplissez les espaces vides de la composition en collant, à la colle blanche, les morceaux d'ardoise entre les motifs. Commencez par le milieu. Laissez sécher 12 heures.

❺ FINITIONS

Retirez le papier anti-adhésif. Étalez la colle à carrelage avec une spatule sur le panneau en médium. Posez le filet sur la colle en appuyant légèrement. Laissez sécher 12 heures.

❻ POSE DU JOINT

Préparez le joint noir et étalez-le sur l'ensemble du panneau (voir techniques générales p. 14). La couleur du joint s'éclaircira légèrement en séchant et s'harmonisera avec le gris de l'ardoise.

Panneau de jardin

Reproduisez le schéma ci-dessous sur le filet en respectant les mesures indiquées.

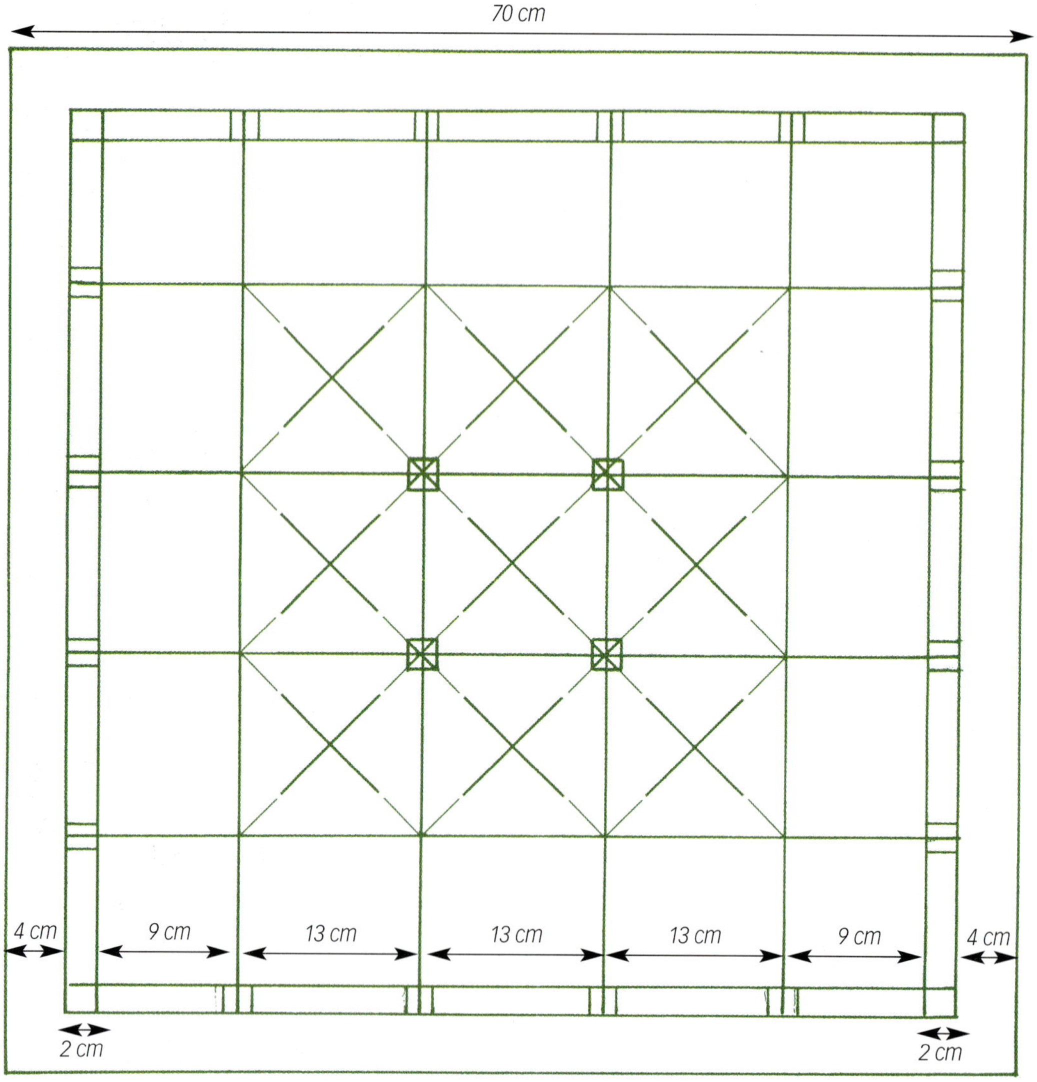

Schéma 1

Schéma 2

Schéma 3

Variantes

Le modèle proposé peut présenter des irrégularités de surface. Si vous souhaitez réaliser une surface uniformément lisse, pour un décor de sol ou un plateau de table par exemple, remplacez les verres dépolis par des pâtes de verre et les petits carrés d'ardoise par des mosaïques romaines noires. Cela vous permettra également de varier les couleurs soit à partir du motif de base, soit à partir des variantes proposées.

Variante 1 : pâtes de verre bleu nil, vieil or, mosaïque romaine noire.

Variante 2 : pâtes de verre bleu clair, vieil or, mosaïque romaine noire.

Variante 3 : pâtes de verre vert pastel, vieil or, mosaïque romaine noire.

TRÈS FACILE
MÉTHODE DIRECTE

Carreaux de sol

Pourquoi ne pas disposer ces carreaux originaux sur une pelouse pour y tracer un chemin ?

FOURNITURES

PETITS CAILLOUX : jaunes, orange, noirs et blancs

Pour un carreau de 20 cm de côté et de 1,5 cm d'épaisseur :

- 4 tasseaux de 21 x 4 cm et 1 cm d'épaisseur
- Clous sans tête
- Feuille de papier kraft
- Planchette en bois
- Feuille de plastique
- 5 verres de mortier de finition gris
- Papier de verre fin

MATÉRIEL

- Marteau
- Crayon
- Règle
- Bassine
- Spatule
- Pic à brochette

Choisissez des cailloux bien lisses pour ne pas risquer de vous blesser en marchant pieds nus sur les carreaux.

❶ RÉALISATION DU PATRON

Avec un marteau, assemblez les tasseaux à l'aide de petits clous sans tête pour former un carré de 20 cm de côté interne.

Dessinez un carré de 20 cm de côté sur une feuille de papier kraft. Tracez les diagonales pour marquer le centre du carré. Disposez les cailloux sur le papier kraft pour former votre motif (voir p. 58). Partez du centre.

❷ PRÉPARATION DU MORTIER

Recouvrez la planche d'une feuille de plastique. Préparez le mortier dans une bassine en versant cinq verres de mortier pour un verre d'eau. Mélangez bien.

Posez le cadre sur la feuille de plastique et versez au centre le mortier, égalisez à la spatule. Secouez doucement le cadre dans un mouvement de va et vient latéral pour favoriser la répartition du mortier.

❸ REPÉRAGE DU CENTRE

Avec un pic à brochette et une règle, tracez dans le mortier les diagonales pour déterminer le centre du carré.

❹ RÉALISATION DU MOTIF

Posez les cailloux en partant du centre, même si le mortier vous semble mou. Enfoncez-les très légèrement. Lorsque tous les cailloux sont placés, laissez sécher pendant 24 heures sur une surface bien plane.

❺ FINITIONS

Démoulez le carreau et poncez avec du papier de verre fin les petites irrégularités. Laissez le carreau sécher encore une bonne quinzaine de jours avant de le mettre en place.

Carreaux de sol

Lorsque vous préparez votre motif, dessinez les médiatrices et les diagonales du carré sur votre patron. Elles vous aideront à placer vos cailloux de manière régulière.

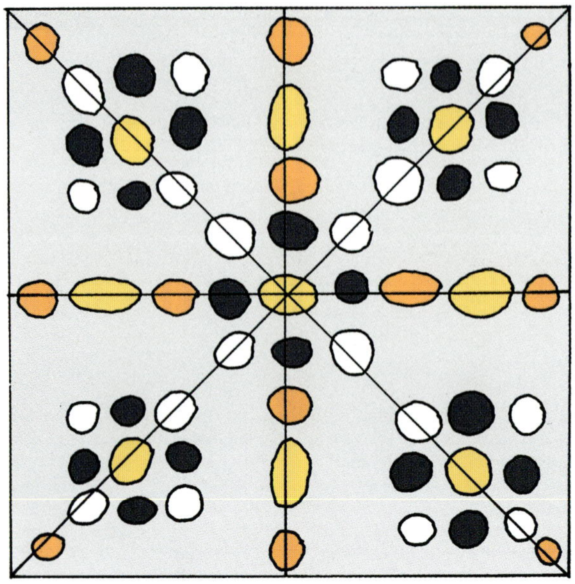

Carreau 1 : cailloux jaunes, orange, noirs.

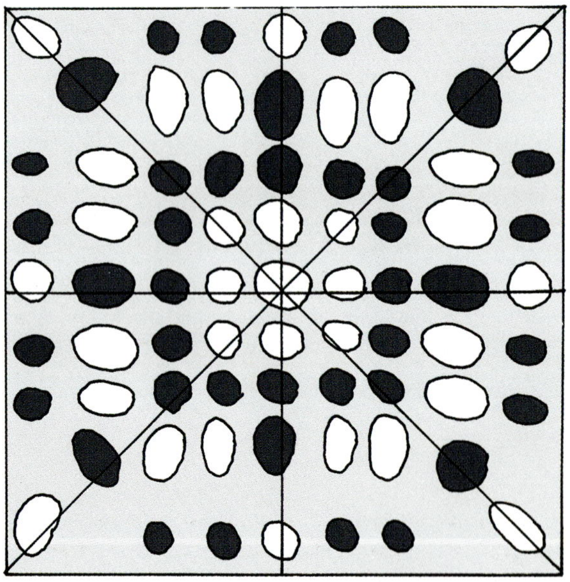

Carreau 2 : cailloux noirs et blancs.

Carreau 3 : cailloux blancs, beiges, noirs.

Pour les deux variantes ci-dessous, disposez les cailloux comme sur le modèle en vous aidant des médiatrices et des diagonales.

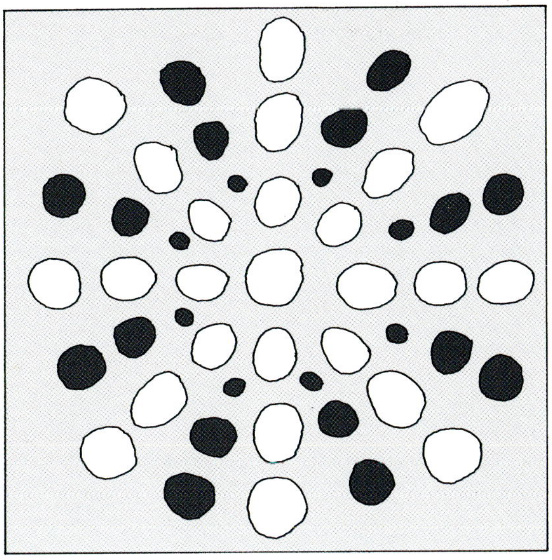

Pour la variante 3, dessinez à main levée une spirale sur laquelle vous disposerez les cailloux. Vous pouvez aussi employer la même méthode que pour le plat en spirale (p. 44), en partant de trois cercles concentriques.

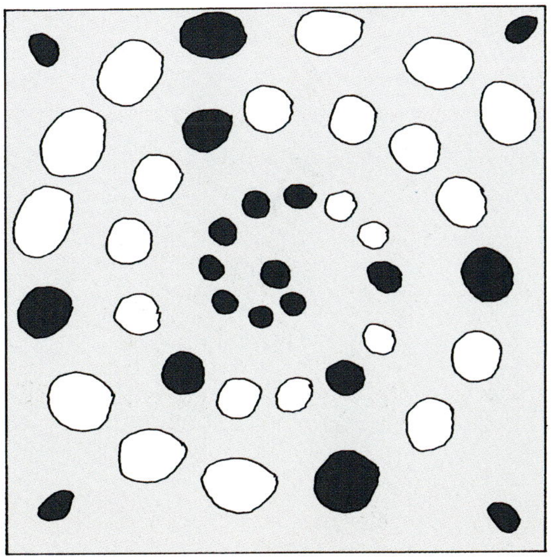

Adresses utiles

SOLARGIL
La Bâtisse, 89 520 Moutiers-en-Puisaye
03 86 45 50 00

SACARO
34, rue de la Butte-aux-Cailles, 75013 Paris
01 45 80 80 40

LA MAISON DU VITRAIL
69 rue Desnouettes, 75015 Paris
01 42 50 88 03

ALBERTINI
1-7 rue des Genêts, 95370 Montigny-les-Cormeilles
01 39 97 36 15

CHAMPIONNET CARRELAGE
12, villa Championnet, 75018 Paris
01 46 27 16 34

LOISIRS ET CRÉATION
53, rue de Passy, 75016 Paris
01 42 15 13 43
Adresses des 12 points de vente au
01 41 80 64 00.

ROUGIER ET PLÉ
13, bd des Filles-du-Calvaire, 75003 Paris
01 42 72 82 91

LEROY-MERLIN
7, rue de Lisbonne, 93110 Rosny-sous-Bois
01 48 94 76 76

BHV
52, rue de Rivoli, 75004 Paris
01 42 74 90 00

CASTORAMA
13, rue de Caulaincourt, 75018 Paris
08 01 33 64 70

GRAPHIGRO
- 133, rue de Rennes, 75006 Paris
  01 42 22 51 80
- 157, rue Lecourbe, 75015 Paris
  01 42 50 45 49
- 120, rue Damrémont, 75018 Paris
  01 44 58 93 40
- 207, bd Voltaire, 75011 Paris
  01 43 48 23 57
- 23, rue Childebert, 69002 Lyon
  04 78 37 02 51
- 3, place Félix-Baret, 13006 Marseille
  04 91 55 55 31
- 4, rue du 22 Novembre, 67000 Strasbourg
  03 88 22 65 83
- 71, rue de Paris, 59800 Lille
  03 20 74 44 99
- 27, rue de Salenques, 31000 Toulouse
  05 61 23 73 46

LA SAMARITAINE
75-83, Rue de Rivoli, 75001 Paris